LA CRITIQUE

ODE.

LA CRITIQUE

ODE.

Uel orage est prêt à fondre?
La nuë obscurcit les Cieux,
De son sein pour me confondre
Sort un essein furieux.
Le Préjugé fanatique,
L'aveugle Amour de l'Antique,
L'Orgueil au hardi regard,
L'Envie, à nuire si prompte,
La séditieuse honte
De se détromper trop tard.

Est-ce peu, divin Homere,
Qu'aux yeux de tout l'Univers,
Je t'aye avoüé le Pere
De la Fable & des beaux Vers?
J'ai dit, devois-je plus dire?
Qu'en tes mains naquit la Lyre
Avec l'art de l'accorder;
Que comme au Roy du Parnasse,
* Virgile L'Auteur * même qui t'efface
Doit encore te ceder.

Falloit-il, Juge peu sage,
Sans discerner tes travaux,
Honorer du même hommage
Les beautez & les défauts?
Falloit-il par un miracle,
Te faire vaincre l'obstacle
Des mœurs, du temps & du lieu?
De quelque nom qu'on te nomme,
Tu n'étois enfin qu'un homme;
Falloit-il te faire un Dieu?

L'Erreur te croit infaillible.
Sors, viens la défavoüer
De ce mérite impossible
Dont elle ose te loüer.
Vois par quelles rêveries
L'Abus des Allégories
Veut surprendre nôtre foi ;
Et de tes faux interprétes
Déments les gloses abstraites,
Impénétrables pour toi.

Si tu gardes le silence,
Au défaut de ton secours
J'ai du moins pour ma défense
Les vrais sçavants de nos jours.
J'en sçais qui malgré les âges
Pésent les plus grands suffrages
Au poids exact du bon sens ;
La Raison, dès sa naissance,
A sur eux plus de puissance
Qu'une erreur de trois mille ans.

* *Ariſtote*   Du Précepteur d'Alexandre
Le ſophiſtique chaos
Si long-temps a vû s'étendre
Un vain ſyſtême de mots.
Malgré ce regne paiſible,
De l'Obſcur, l'Intelligible
Triomphe enfin à ſon tour ;
Et malgré leurs privileges
Au fonds même des Colleges
La vérité s'eſt fait jour.

Loin donc reſpects idolâtres
Des erreurs des temps paſſez,
Préjugez opiniâtres,
Taiſez-vous, diſparoiſſez.
Sur l'opinion vulgaire,
L'examen le plus ſévere
N'eſt jamais hors de ſaiſon ;
C'eſt à la voix de Dieu même
Qu'appartient le droit ſuprême
De captiver la Raiſon.

Que tout le reste subisse
Le Tribunal érigé.
Venez, entrez dans la lice
Orateurs du Préjugé.
Mais avant que l'Eloquence
Prenne par vous la défense
Des droits de l'Antiquité,
Souffrez encor qu'en ces rimes
Je vous trace les maximes
Que me dicte l'Equité.

Bravant, d'un dédain facile,
Mes traits les mieux aiguisez,
Diriez-vous que vrai Zoile,
J'emprunte des traits usez ?
Qu'à ces raisons imprudentes
Déja cent plumes sçavantes
Ont fait perdre leur credit ?
N'importe ; il faut les confondre,
Dussiez-vous pour y répondre
Dire aussi ce qu'on a dit.

N'allez pas de phrases vuides
Enfler vos raisonnements ;
Par des principes solides
Jettez-en les fondements :
Qu'ils soient féconds, immüables ;
Dans vos conséquences stables
Qu'ils gardent toûjours leurs droits ;
Et simples dans la dispute,
Craignez qu'on ne vous impute
Deux mesures & deux poids.

De l'Ironie insultante
Fuyez le frêle soûtien ;
Malgré sa grace piquante
Un bon mot ne prouve rien.
Plus d'un m'est venu soûrire ;
Je me serois mieux fait lire,
S'ils égayoient mes écrits ;
Mais loin que je les regrette,
D'une loüange secrette
Mon cœur m'en donne le prix.

Du * Heros de l'Iliade   * Achille
N'imitez pas le courroux ;
C'eft Neftor qui perfuade ;
Empruntez fon ftile doux.
Ceux que leur fiel empoifonne,
Le droit fens les abandonne,
Les livre aux Illufions ;
L'imprudent Paralogifme
Et le fuperbe Sophifme
Sont enfans des Paffions.

Oüy, malheur à qui dédaigne
D'inviolables égards :
Qu'entre nous l'amitié regne
Dûffent perir tous les Arts,
Il eft des véritez faintes,
Qu'aux mépris des lâches craintes
Le zèle doit foûtenir.
Mais fur des beautez mortelles
Nos lumieres valent-elles
La paix qui doit nous unir ?

Il n'eſt rien que je ne faſſe
Pour conſerver cette paix :
Fallut-il demander grace
Aux deux partis ; je le fais ;
Aux adorateurs d'Homere
Je m'avoüerai téméraire,
D'en avoir trop rejetté ;
Et que ceux qu'Homere bleſſe,
Me pardonnent la foibleſſe
D'en avoir trop adopté.

L'INDIEN
ET
LE SOLEIL
FABLE.
AU ROY.

Prononcée à Sa Majesté par l'Auteur, pour le remercier d'une penfion.

L'INDIEN
ET
LE SOLEIL.

GRAND ROY, qui vois les Arts d'un regard
    favorable,
Et dont avec transport j'éprouve la bonté,
    Souffre qu'ici la Verité
    Se cache un moment sous la Fable.

Un habitant de l'Inde adoroit le Soleil.
Un zèle renaissant nuit & jour le dévore,
    Et, plein de l'objet qu'il adore,
L'ardeur de le loüer interrompt son sommeil.

Quelquefois célébrant sa lumiere féconde,
D'un regard attentif il le suit dans son cours,
  Admire en lui l'Ame du monde ;
 Toûjours chantant, & se plaignant toûjours
Qu'à ce qu'il sent nul terme ne réponde.

Il peint tantôt le celeste flambeau
Vainement assiegé par les sombres nüages,
  Et bien-tôt vainqueur des orages
  Reparoissant encor plus beau.

Il fait Hymne sur Hymne, en remplit la contrée ;
Tout accourt à sa voix ; & chacun l'écoutant,
Bénissoit la puissance en ses vers célébrée,
Tandis que du plaisir de la voir adorée
  Le chantre se tient trop content.

 Le Soleil touché de ce zèle,
Sur ses champs dessechez jette un œil caressant.
  Soudain, moisson double & plus belle,
  Verger fertile & fleurissant.

oleil, dit l'Indien, je rends à tes largesses
>Tout l'hommage que je leur doi :
es bienfaits cependant n'acquiérent rien sur moi ;
>Tu peux augmenter mes richesses
>Mais non pas mon zèle pour toi.

A PARIS,

Chez Du Puis, ruë saint Jacques.

APPROBATION.

J'AY lû par ordre de Monseigneur le Chancelier, *l'Iliade, Poëme*, avec un discours sur Homere, par Monsieur de la Motte de l'Academie Françoise : Et j'ai crû que le Public recevroit cet Ouvrage avec d'autant plus de plaisir, qu'il trouvera dans le *Poëme*, Homere digne de toute sa réputation, & dans le *Discours*, les regles de la Poëtique la plus juste & la plus sensée. Fait à Paris, ce vingt-quatriéme Novembre 1713.

BURETTE.

PRIVILEGE DU ROY.

LOUIS par la grace de Dieu Roy de France & de Navarre : A nos amez & féaux Conseillers, les Gens tenans nos Cours de Parlement, Maistres des Requêtes Ordinaires de nôtre Hôtel, Grand Conseil, Prévôt de Paris, Baillifs, Sénéchaux, leurs Lieutenans Civils & autres nos Justiciers qu'il appartiendra. SALUT. Nôtre très-cher & bien amé *le Sieur de la Motte*, Nous ayant fait exposer qu'il desireroit faire imprimer plusieurs Ouvrages de sa composition intitulez *Oeuvres en Prose & en Vers*, & les donner au Public s'il nous plaisoit lui accorder nos Lettres de Privilege sur ce necessaires : Nous avons permis & permettons par ces Presentes audit Sieur DE LA MOTTE, de faire imprimer lesdites Oeuvres en Prose & en Vers, en telle forme, marge, caractere, en un ou plusieurs volumes, conjointement ou separement, & autant de fois que bon lui semblera, & de les faire vendre & debiter par tout nôtre Roïaume, pendant le tems de dix années consecutives, à compter du jour de la datte desdites Presentes. Faisons défenses à toutes sortes de personnes, de quelque qualité & condition qu'elles soient, d'en introduire d'impression étrangere dans aucun lieu de nôtre obéïssance ; & à tous Imprimeurs Libraires & autres, d'imprimer faire imprimer, vendre, faire vendre, debiter, ni contrefaire lesdites Oeuvres en Prose & en Vers, en tout ni en partie, ni d'en faire aucuns Extraits, sous quelque prétexte que ce soit, d'augmentation, correction, changement de titre, impression en Langue Latine, Langue Greque, Langue Hebraïque ou autrement sans le consentement par écrit dudit Sieur Exposant, ou de ceux qui auront droit de lui, à peine de confiscation des Exemplaires contrefaits, de trois mille livres d'amende contre chacun des contrevenans, dont un tiers à Nous, un tiers à l'Hôtel Dieu de Paris, l'autre tiers audit Sieur Exposant, & de tous dépens, dommages & interests : à la charge que ces Presentes seront enregistrées tout au long sur le Registre de la

Communauté des Imprimeurs & Libraires de Paris, & ce dans trois mois de la date d'icelles, que l'impression desdites Ouvres en Prose & en Vers sera faite dans nôtre Roïaume & non ailleurs, en beau papier & en beaux caracteres, conformément aux Reglemens de la Librairie, & qu'avant de les faire exposer en vente, il en sera mis deux Exemplaires de chacun dans nôtre Bibliotheque publique, un dans celle de nôtre Château du Louvre, & un dans celle de nôtre cher & feal Chevalier, Chancelier de France, le Sieur Phelypeaux Comte de Ponchartrain, Commandeur de nos Ordres; le tout à peine de nullité des Presentes : du contenu desquelles vous mandons & enjoignons de faire joüir ledit Sieur Exposant ou ses ayans cause pleinement & paisiblement, sans souffrir qu'il leur soit fait aucun trouble ou empêchement. Voulons que la copie desdites Presentes qui sera imprimée au commencement ou à la fin desdits Ouvrages, soit tenuë pour dûement signifiée, & qu'aux copies collationnées par l'un de nos amez feaux Conseillers & Secretaires, foy soit ajoutée comme à l'Original. Commandons au premier nôtre Huissier ou Sergent de faire pour l'execution d'icelles tous Actes requis & necessaires, sans demander autre permission, & nonobstant clameur de Haro, Charte Normande, & Lettres à ce contraires. Car tel est nôtre plaisir. Donné à Versailles, le deuxiéme jour du mois de Decembre, l'an de grace mil sept cent treize, & de nôtre regne le soixante-onziéme. Par le Roy en son Conseil. FOUQUET.

J'ay cedé le present Privilege au Sieur. Du Puis, pour mon Recueil d'Odes, & pour l'Iliade, suivant l'accord fait entre-nous. Fait à Paris ce six Decembre mil sept-cent-treize. HOUDART DE LA MOTTE.

Registré le present Privilege & la cession du Sieur HOUDART DE LA MOTTE, *ci contre sur le Livre, N°. 3. de la Communauté des Libraires & Imprimeurs, N°. 770. pag. 685. conformément aux Reglemens & notamment à l'Arrest du 3. Août 1703. A Paris ce sixiéme Decembre mil sept cent treize.*

ROBUSTEL, Syndic.

Fautes à corriger dans le Discours.

PAg. xlvj. lig. 20. dans les combats & les occasions, *lisez* & dans les occasions.
Pag. lxxxvj. lig. premiere répond, *lisez* reprend
lxxxviij. lig. quatriéme contracte, *lisez* contraste.
cxxij. lig. 3. cneigne ; *lisez* enseigne.
cxxiv. lig. 8. éclatez, *lisez* éclairez.
cxxviij lig. 18. fixe, *lisez* fine.
cxxxvj li. 13. les ennuit, *lisez* les ennuye.

Fautes à corriger dans le Poëme.

Pag. 5. ligne 5. tous le traits, *lisez* tous les traits.
Pag. 28. lig. 11. de son sort, *lisez* de ton sort.

CATALOGUE

CATALOGUE
DES LIVREZ IMPRIMEZ
& qui se vendent chez DU-PUIS, ruë saint Jacques à la Fontaine d'Or.

DOMNI LUCÆ DACHERII è Congregatione S. Mauri Monachi Benedictini.

Veterum Scriptorum qui in Galliæ Bibliothecis latuerant, SPICILEGIUM quartò 13. vol.
Plures Tomi extant separatim venales.

De Messire ESPRIT FLECHIER, *Evêque de Nismes.*

Recueil des Oraisons Funebres qu'il a prononcées, nouvelle Edition, en 1. vol. 12. avec son Portrait, 2. l. 5. s.
Histoire de Theodose le Grand pour Monseigneur le Dauphin, 12. 3. l.
La vie du Cardinal Jean-François Commendon, 12. 2. vol. 3. l. 10. s.

De Monsieur MARSOLIER, *Doyen de l'Eglise Cathedrale d'Usez.*

La vie de S. François de Sales Evêque & Prince de Genéve, Instituteur de l'Ordre de la Visitation Sainte Marie, 3e. Edition, 12. 2. vol. 4. l. 10. s.

Histoire de Henry VII. Roy d'Angleterre, surnommé le Sage & le Salomon d'Angleterre, 12. 2. vol.

Histoire du Miniſtere du Cardinal Ximenès Archevêque de Tolede & Regent d'Eſpagne, 12. 2. vol.   4. l.

De feu Meſſire BENIGNE BOSSUET, *Evêque de Meaux.*

Recueil de ſes Oraiſons Funebres 12. 2. l. 10. ſ.

De feu Meſſire JULES MASCARON, *Evêque & Comte d'Agen.*

Recüeil de ſes Oraiſons Funebres, ſa Vie & ſon Portrait, 12.   2. l.

De Monſieur l'Abbé REGNIER, *Secretaire perpetuel de l'Academie Françoiſe.*

Les deux livres de la Divination de Ciceron traduits, avec des Remarques,   2. l.

De Monſieur HOUDART DE LA MOTTE. *de l'Academie Françoiſe.*

Odes, avec un Diſcours ſur la Poëſie en General, & ſur l'Ode en Particulier, quatriéme Edition augmentée 2. vol.   4. l. 10. ſ.

L'Idi de Poëme, avec un Diſcours ſur Homere, dedié au Roy, enrichi de pluſieurs belles Figures, vol. in octavo.   4. l.

De la Rhetorique ſelon les préceptes d'Ariſtote, de Ciceron, & de Quintilien, avec des exemples tirez des Auteurs anciens & modernes, 12.   2. l.

*De Monsieur d'*Audiffret, *Envoyé du Roy auprès de M. le Duc de Lorraine.*

Geographie Ancienne, Moderne & Historique, avec des Cartes exactement dessinées, 4°. 3. vol. 18. l.

Du R. P. Quesnel, *de l'Oratoire.*

Elevation à J. C. N. S. sur sa Passion & sur sa mort, &c. 18. 25. s.

Du R. P. Sanadon, *de la Compagnie de* Jesus.

Prieres & Instructions Chrétiennes pour bien commencer & bien finir la journée, pour entendre saintement la Messe, haute & basse, & pour approcher avec fruit des Sacrement de Pénitence & d'Eucharistie, avec plusieurs Pseaumes de David paraphrasez, 12. 2. l. 5. s.

Du R. P. Laubrussel, *de la Compagnie de Jesus.*

Traité des Abus de la Critique en matiere de Religion, 12. 2. vol. 4. l.

Du R. P. Mourgues *de la Compagnie de Jesus.*

Paralelle de la Morale Chrétienne avec celle des Anciens Philosophes, pour faire voir la superiorité de nos saintes Maximes sur celles de la sagesse humaine 12. 1. l. 10. s.

Obligations des Ecclesiastiques, tirées de l'Ecriture sainte, de Conciles, des Decrets des Papes & des Sentimens des Peres de l'Eglise, augmentées dans cette Edition de douze Regles de Conduite pour les Curez, tirées de S. Chryfoſtôme, 12. 2. l.

Livres de Pieté & de Morale.

Les Conſeils de la Sageſſe, ou le Recüeil des Maximes de Salomon, pour ſe conduiire ſagement, 12. 2. vol. 3. l.

Le Combat ſpirituel, traduit de l'Italien en François par un Serviteur de Dieu, 12. 1. l. 10. ſ.

Le Jour Chrétien, contenant des Prieres & Exercices pour aſſiſter à l'Office de l'Egliſe, par M. l'Abbé Navarre Docteur en Theologie, &c. 18. 30. ſ.

L'Office de la Vierge ſans renvoy avec quelques Exercices de Pieté, imprimée par ordre exprès de feu Madame la Dauphine. Huitiéme Edition. 18. en veau. 30. ſ.
& en maroquin, 2. l.
——Le même Office en latin & en françois ſe vend le même prix.

On trouvera chez le même Libraire.

Bibles, nouveau Teſtament, en latin & en françois, Interpretes ſur l'Ecriture ſainte, Theologiens, Hiſtoriens ſacrez & profanes Livres de pieté & de morale, Traductions des SS. Peres, Livres de belles Lettres, de Philoſophie, de Mathematique, d'Hiſtoire particuliere, de Relations & de Voyages imprimez tant en France que dans les Pays étrangers.

www.ingramcontent.com/pod-product-compliance
Lightning Source LLC
Chambersburg PA
CBHW070456080426
42451CB00025B/2768